AF324791

Decembre 1630.

Dec 1630.

DECLARATION
DV ROY, PORTANT
diminution de la vente
& prix du Sel.

Verifiée en la Cour des Aydes, le 23. de
Decembre dernier, & Publiée
en icelle le 8. Ianuier 1631.

A PARIS,

par ANTOINE ESTIENE, P. MET-
TAYER & C. PREVOST, Imprimeurs
ordinaires du Roy.

M. DC. XXXI.

Auec Priuilege de sa Majesté.

LOVIS par la
grace de Dieu
Roy de France
& de Nauarre,
A tous preſens & à ve-
nir, Salut. Les grandes
& exceſſiues deſpenſes
que nous auons eſté
contraints de faire de-
puis quelques années,
tant pour reduire nos
ſubiets rebelles à leur

deuoir, que pour nous
oppoſer aux mauuais
deſſeins des ennemis de
cét Eſtat, & maintenir
nos alliez ; nous ayans
obligé de mettre quel-
ques impoſitions ſur nos
ſubiets , pour auoir
moyen d'y ſatisfaire ,
auec intention toutes-
fois de les en ſoulager
auſſi-toſt que nos affai-
res le pourroient per-
mettre: Maintenãt qu'il
a pleu à Dieu de fauori-
ſer nos armes , & nous

donner vn succez si heu-
reux en toutes nos en-
treprises , que nous
croyons auoir asseuré la
paix à nos subiets pour
longues années ; nous
portons nostre principal
soin à leur soulagement,
& à les descharger d'v-
ne partie desdites impo-
sitions , entre lesquelles
celle des six liures que
nous auons mise par aug-
mentation de prix de
marchand , sur chacun
minot de sel, par nostre

Edict du mois de Iuin
mil six cens vingt-sept,
ayant esté trouuée l'vne
des plus grandes & plus
à charge à nostre pauure
peuple, principalement
dans les Greniers du res-
sort de nostre Cour des
Aydes de Paris, à cause
des impositions qui se
leuoient déja dans les-
dits Greniers, bien plus
grandes qu'aux Greniers
des autres Prouinces ;
Nous auons resolu de les
en descharger d'vne par-

tie, attendant que nous
puiſſions leur faire re-
ſentir dauantage les ef-
fects de noſtre bonne
volonté : A CES CAV-
SES, apres auoir fait
mettre cét affaire en de-
liberation en noſtre Cō-
ſeil, où eſtoient la Roy-
ne noſtre tres-honorée
Dame & Mere, aucuns
Princes de noſtre Sang,
autres Princes & grands
& notables perſonnages,
de l'Aduis d'iceluy, & de
noſtre certaine ſcience,

plaine puiſſance & au-
thorité royale , Novs
auons dit, declaré & or-
donné, diſons, declarons
& ordonnons par ces
preſentes ſignées de no-
ſtre main, voulons &
nous plaiſt, Que doreſ-
nauant à commencer du
premier iour de Ianuier
prochain, tous nos ſub-
jets reſſortiſſans aux
Greniers à ſel depen-
dans de noſtre-ditte
Cour des Aydes de Pa-
ris, demeurent deſchar-
gez,

gez , comme nous les
déchargeons par cefdites
prefentes, de trois liures
pour minot de fel, fai-
fant moitié defdites fix
liures dont nous auons
ordõné l'impofition par
augmentation du prix
de marchand, par noftre
Edict du mois de Iuin
mil fix cens vingt-fept,
fans que lefdites trois
liures puiffent eftre cy-
aprés remifes ny refta-
blies pour quelque caufe
& occafiõ que ce foit. S I

B

DONNONS EN MAN-
DEMENT à nos amez
& feaux Conſeillers les
Gens tenans noſtre Cour
des Aydes de Paris, Pre-
ſidens & Treſoriers ge-
neraux de France des
Generalitez qu'il appar-
tiendra, Que ces pre-
ſentes ils facent lire, pu-
blier & regiſtrer pure-
ment & ſimplement, &
iouïr nos Subiets de la-
dite diminution conte-
nuë en icelles, ſans ſouf-
frir qu'il y ſoit contre-

uenu en quelque forte
& maniere que ce foit:
CAR tel eft noftre plai-
fir. Et afin que ce foit
chofe ferme & ftable
à toufiours, nous auons
fait mettre noftre feel à
cefdites prefentes, fauf
en autre chofe noftre
droict. & l'autruy en
toutes. DONNE' à
S. Germain en Laye,
au mois de Decembre
l'an de grace mil fix cens
trente, & de noftre re-
gne le vingt-vniéme.

signé , LOVIS, Et sur
le reply, Par le Roy, De
Lomenie, & à costé, Vi-
sa , & seellées du grand
seau de cire verte, en
lacs de soye rouge &
verte sur double queuë.
Et sur ledit reply est en-
cor écrit :

*Leuës, publiées & registrées en la Cour
des Aydes, l'Audiance tenant, oüy & ce
requerant le Procureur General du Roy,
pour estre executées selon leur forme &
teneur, suiuant l'Arrest donné en icelle
le 23. de Decembre dernier. A Paris le 8.
iour de Ianuier 1631.*

Signé, DE LAISTRE.

EXTRAICT DES RE-
gistres de la Cour des Aydes.

E v par la Cour les Lettres Pa-
tentes du Roy en forme de De-
claration, don-
nées à Sainct Germain en Laye,
au mois de Decembre mil six
cens trente, Signées, L o v i s, &
sur le reply, Par le Roy, De Lomenie, & scellées du grand seel de
cire verte sur double lacs de soye
rouge & verte : Par lesquelles &
& pour les causes y contenuës,
sa Majesté declare & ordonne
que doresnauant, à commencer

du premier iour de Ianuier prochain mil six cens trente-vn, la
décharge de trois liures pour minot de Sel, faisant moitié des six
liures dont sadite Majesté au-
roit ordonné l'imposition par
augmentation du prix de marchand, par Edict du mois de Iuin
mil six cens vingt-sept, sur tous
ses subjets resortissans aux Greniers à Sel dependans de ladi-
te Cour, sans que lesdites trois
liures puissent estre cy-apres re-
mis ny restablis pour quelque
cause & occasion que ce soit, selon que plus au long le contien-
nent lesdittes Lettres à icelle
Cour addressantes. Conclusions
du Procureur General du Roy,
& tout consideré, LA COVR
a ordonné & ordonne que les-

dittes Lettres seront leuës, publiées & registrées en icelle, pour
estre executées selon leur forme
& teneur. Fait à Paris en ladit-
te Cour des Aydes, & prononcé
le vingt-troisiéme iour de Decembre mil six cens trente.

Signé, De Laistre.

www.ingramcontent.com/pod-product-compliance
Lightning Source LLC
LaVergne TN
LVHW010249060726
842527LV00007B/2695